This project book belongs to

_____

_____

PROJECT INDEX

N°	PROJECT NAME
1	
2	
3	
4	
5	
6	
7	
8	
9	
10	
11	
12	
13	
14	
15	
16	
17	
18	
19	
20	

N°	PROJECT NAME
21	
22	
23	
24	
25	
26	
27	
28	
29	
30	
31	
32	
33	
34	
35	
36	
37	
38	
39	
40	

POTTERY PROJECT   N°

PROJECT NAME:

DATE STARTED: _____   DATE FINISHED: _____

```
┌─────────────────────────────────────┐
│              SKETCH                 │
│                                     │
│                                     │
│                                     │
│                                     │
│                                     │
│                                     │
│                                     │
└─────────────────────────────────────┘
```

CLAY: _____

TECHNIQUE: _____

FIRING: _____

GLAZING: _____

Notes:

POTTERY PROJECT   N°

PROJECT NAME:

DATE STARTED: _____   DATE FINISHED: _____

SKETCH

CLAY: _____

TECHNIQUE: _____

FIRING: _____

GLAZING: _____

Notes:

POTERY PROJECT   N°

PROJECT NAME:

DATE STARTED: _____   DATE FINISHED: _____

SKETCH

CLAY: _____

TECHNIQUE: _____
_____

FIRING: _____
_____

GLAZING: _____
_____

NOTES:

POTTERY PROJECT   N°

Project name:

Date started: _____   Date finished: _____

+-----------------------+
| Sketch |
| |
| |
| |
| |
| |
+-----------------------+

Clay: _____

Technique: _____
_____

Firing: _____
_____

Glazing: _____
_____

NOTES:

POTTERY PROJECT   N°

PROJECT NAME:

DATE STARTED: _____   DATE FINISHED: _____

SKETCH

CLAY: _____

TECHNIQUE: _____
_____

FIRING: _____
_____

GLAZING: _____
_____

NOTES:

POTTERY PROJECT   N°

PROJECT NAME:

DATE STARTED: _____   DATE FINISHED: _____

SKETCH

CLAY: _____

TECHNIQUE: _____

FIRING: _____

GLAZING: _____

Notes:

POTTERY PROJECT   N°

PROJECT NAME:

DATE STARTED: _____   DATE FINISHED: _____

+------------------------------+
| SKETCH |
| |
| |
| |
| |
| |
| |
+------------------------------+

CLAY: _____

TECHNIQUE: _____
_____

FIRING: _____
_____

GLAZING: _____
_____

Notes:

POTTERY PROJECT   N°

PROJECT NAME:

DATE STARTED: _____ DATE FINISHED: _____

SKETCH

CLAY: _____

TECHNIQUE: _____

FIRING: _____

GLAZING: _____

Notes:

POTTERY PROJECT   N°

PROJECT NAME:

DATE STARTED: _____   DATE FINISHED: _____

SKETCH

CLAY: _____

TECHNIQUE: _____

_____

FIRING: _____

_____

GLAZING: _____

_____

Notes:

POTTERY PROJECT N°

PROJECT NAME:

DATE STARTED: _____ DATE FINISHED: _____

SKETCH

CLAY: _____

TECHNIQUE: _____

FIRING: _____

GLAZING: _____

Notes:

POTTERY PROJECT   N°

PROJECT NAME:

DATE STARTED: _____   DATE FINISHED: _____

SKETCH

CLAY: _____

TECHNIQUE: _____
_____

FIRING: _____
_____

GLAZING: _____
_____

Notes:

POTTERY PROJECT   N°

PROJECT NAME:

DATE STARTED: _____   DATE FINISHED: _____

SKETCH

CLAY: _____

TECHNIQUE: _____
_____

FIRING: _____
_____

GLAZING: _____
_____

NOTES:

POTTERY PROJECT   N°

PROJECT NAME:

DATE STARTED: _____   DATE FINISHED: _____

SKETCH

CLAY: _____

TECHNIQUE: _____

FIRING: _____

GLAZING: _____

Notes:

POTTERY PROJECT   N°

PROJECT NAME:

DATE STARTED: _____ DATE FINISHED: _____

SKETCH

CLAY: _____

TECHNIQUE: _____

_____

FIRING: _____

_____

GLAZING: _____

_____

NOTES:

POTTERY PROJECT   N°

PROJECT NAME:

DATE STARTED: _____   DATE FINISHED: _____

SKETCH

CLAY: _____

TECHNIQUE: _____

FIRING: _____

GLAZING: _____

Notes:

POTTERY PROJECT   N°

PROJECT NAME:

DATE STARTED: _____   DATE FINISHED: _____

SKETCH

CLAY: _____

TECHNIQUE: _____
_____

FIRING: _____
_____

GLAZING: _____
_____

Notes:

POTTERY PROJECT   N°

PROJECT NAME:

DATE STARTED: _____   DATE FINISHED: _____

SKETCH

CLAY: _____

TECHNIQUE: _____

FIRING: _____

GLAZING: _____

Notes:

POTTERY PROJECT   N°

PROJECT NAME:

DATE STARTED: _____   DATE FINISHED: _____

+------------------------+
| SKETCH |
| |
| |
| |
| |
| |
| |
+------------------------+

CLAY: _____

TECHNIQUE: _____
_____

FIRING: _____
_____

GLAZING: _____
_____

Notes:

POTTERY PROJECT   N°

PROJECT NAME:

DATE STARTED: _____   DATE FINISHED: _____

SKETCH

CLAY: _____

TECHNIQUE: _____
_____

FIRING: _____
_____

GLAZING: _____
_____

Notes:

POTTERY PROJECT   N°

PROJECT NAME:

DATE STARTED: _____   DATE FINISHED: _____

```
┌─────────────────────────────────────┐
│             SKETCH                  │
│                                     │
│                                     │
│                                     │
│                                     │
│                                     │
│                                     │
│                                     │
└─────────────────────────────────────┘
```

CLAY: _____

TECHNIQUE: _____
_____

FIRING: _____
_____

GLAZING: _____
_____

Notes:

POTTERY PROJECT   N°

PROJECT NAME:

DATE STARTED: _____   DATE FINISHED: _____

SKETCH

CLAY: _____

TECHNIQUE: _____

_____

FIRING: _____

_____

GLAZING: _____

_____

Notes:

POTTERY PROJECT   N°

PROJECT NAME:

DATE STARTED: _____   DATE FINISHED: _____

SKETCH

CLAY: _____

TECHNIQUE: _____

FIRING: _____

GLAZING: _____

NOTES:

POTTERY PROJECT   N°

PROJECT NAME:

DATE STARTED: _____   DATE FINISHED: _____

SKETCH

CLAY: _____

TECHNIQUE: _____

FIRING: _____

GLAZING: _____

Notes:

POTTERY PROJECT   N°

PROJECT NAME:

DATE STARTED: _____   DATE FINISHED: _____

SKETCH

CLAY: _____

TECHNIQUE: _____

FIRING: _____

GLAZING: _____

Notes:

POTERY PROJECT   N°

PROJECT NAME:

DATE STARTED: _____ DATE FINISHED: _____

SKETCH

CLAY: _____

TECHNIQUE: _____
_____

FIRING: _____
_____

GLAZING: _____
_____

Notes:

POTTERY PROJECT N°

PROJECT NAME:

DATE STARTED: _____ DATE FINISHED: _____

SKETCH

CLAY: _____

TECHNIQUE: _____
_____

FIRING: _____
_____

GLAZING: _____
_____

Notes:

POTTERY PROJECT N°

PROJECT NAME:

DATE STARTED: _____ DATE FINISHED: _____

SKETCH

CLAY: _____

TECHNIQUE: _____

FIRING: _____

GLAZING: _____

NOTES:

POTTERY PROJECT   N°

PROJECT NAME:

DATE STARTED: _____   DATE FINISHED: _____

SKETCH

CLAY: _____

TECHNIQUE: _____

FIRING: _____

GLAZING: _____

NOTES:

POTTERY PROJECT   N°

PROJECT NAME:

DATE STARTED: _____   DATE FINISHED: _____

SKETCH

CLAY: _____

TECHNIQUE: _____

FIRING: _____

GLAZING: _____

Notes:

POTTERY PROJECT   N°

PROJECT NAME:

DATE STARTED: _____   DATE FINISHED: _____

SKETCH

CLAY: _____

TECHNIQUE: _____

FIRING: _____

GLAZING: _____

Notes:

POTTERY PROJECT   N°

PROJECT NAME:

DATE STARTED: _____   DATE FINISHED: _____

SKETCH

CLAY: _____

TECHNIQUE: _____
_____

FIRING: _____
_____

GLAZING: _____
_____

Notes:

POTTERY PROJECT   N°

PROJECT NAME:

DATE STARTED: _____   DATE FINISHED: _____

SKETCH

CLAY: _____

TECHNIQUE: _____
_____

FIRING: _____
_____

GLAZING: _____
_____

Notes:

POTTERY PROJECT   N°

PROJECT NAME:

DATE STARTED: _____   DATE FINISHED: _____

SKETCH

CLAY: _____

TECHNIQUE: _____

FIRING: _____

GLAZING: _____

Notes:

POTTERY PROJECT N°

PROJECT NAME:

DATE STARTED: _____ DATE FINISHED: _____

SKETCH

CLAY: _____

TECHNIQUE: _____

FIRING: _____

GLAZING: _____

Notes:

POTERY PROJECT   N°

PROJECT NAME:

DATE STARTED: _____   DATE FINISHED: _____

SKETCH

CLAY: _____

TECHNIQUE: _____

FIRING: _____

GLAZING: _____

NOTES:

POTTERY PROJECT   N°

Project name:

Date started: _____   Date finished: _____

```
┌─────────────────────────────────────┐
│              Sketch                 │
│                                     │
│                                     │
│                                     │
│                                     │
│                                     │
│                                     │
│                                     │
└─────────────────────────────────────┘
```

Clay: _____

Technique: _____

_____

Firing: _____

_____

Glazing: _____

_____

Notes:

POTTERY PROJECT N°

PROJECT NAME:

DATE STARTED: _____ DATE FINISHED: _____

SKETCH

CLAY: _____

TECHNIQUE: _____

_____

FIRING: _____

_____

GLAZING: _____

_____

Notes:

POTTERY PROJECT   N°

PROJECT NAME:

DATE STARTED: _____   DATE FINISHED: _____

> SKETCH

CLAY: _____

TECHNIQUE: _____

FIRING: _____

GLAZING: _____

Notes:

POTERY PROJECT   N°

PROJECT NAME:

DATE STARTED: _____   DATE FINISHED: _____

SKETCH

CLAY: _____

TECHNIQUE: _____
_____

FIRING: _____
_____

GLAZING: _____
_____

Notes:

POTTERY PROJECT   N°

Project name:

Date started: _____   Date finished: _____

Sketch

Clay: _____

Technique: _____

Firing: _____

Glazing: _____

Notes:

Made in the USA
Middletown, DE
30 November 2023

43703178R00050